# BEI GRIN MACHT SICH IHR WISSEN BEZAHLT

- Wir veröffentlichen Ihre Hausarbeit,
  Bachelor- und Masterarbeit

- Ihr eigenes eBook und Buch -
  weltweit in allen wichtigen Shops

- Verdienen Sie an jedem Verkauf

## Jetzt bei www.GRIN.com hochladen und kostenlos publizieren

# Grundlagen der Prävention und Rehabilitation. Pathogenetische und Salutogenetische Perspektive und Primär-, Sekundär-, Tertiärprävention

Anna-Maria Burchard

**Bibliografische Information der Deutschen Nationalbibliothek:**

Die Deutsche Nationalbibliothek verzeichnet diese Publikation in der
Deutschen Nationalbibliografie; detaillierte bibliografische Daten sind
im Internet über http://dnb.d-nb.de abrufbar.

ISBN: 9783346378361
Dieses Buch ist auch als E-Book erhältlich.

Druck und Bindung: Books on Demand GmbH, Norderstedt Germany
Gedruckt auf säurefreiem Papier aus verantwortungsvollen Quellen

Das vorliegende Werk wurde sorgfältig erarbeitet. Dennoch
übernehmen Autoren und Verlag für die Richtigkeit von Angaben,
Hinweisen, Links und Ratschlägen sowie eventuelle Druckfehler keine
Haftung.

Das Buch bei GRIN: https://www.grin.com/document/1002266

# Einsendeaufgabe

## Prävention, Gesundheitsförderung & Rehabilitation

SRH Fernhochschule – The Mobile University

Modul: Prävention, Gesundheitsförderung & Rehabilitation
Studiengang: B. Sc. Psychologie

Von
Anna-Maria Burchard

# Inhaltsverzeichnis

## Abkürzungsverzeichnis

| | |
|---|---|
| Aufl. | Auflage |
| bspw. | beispielsweise |
| bzw. | beziehungsweise |
| d. h. | das heißt |
| Ebd. | Ebenda |
| et. al. | et alii |
| f. | folgende Seite |
| ff. | folgende Seiten |
| S. | Seiten |
| u. a. | unter anderem |
| usw. | und so weiter |
| Vgl. | Vergleiche |
| z. B. | zum Beispiel |

# Abbildungsverzeichnis

**Aufgabe 1**

**1.1 Pathogenetische Perspektive**

Die pathogenetische Perspektive spielt in modernen Industriegesellschaften eine dominante Rolle und besitzt grundlegende Implikationen. Das Paradigma der Pathogenese beeinflusst sowohl das biomedizinische als auch das biopsychosoziale Modell. Laut der biomedizinischen Annahme wird Gesundheit grundsätzlich als die Abwesenheit von Krankheit definiert. Daher muss ein Mensch bestimmte festgelegte Kriterien der Diagnostik einer Krankheit erfüllen, um als krank kategorisiert zu werden.[1] Innerhalb dieser Perspektive werden Menschen nach Gesundheit und Krankheit klassifiziert, was bedeutet, dass sie bei vorliegen messbarer Krankheitssymptome einer medizinisch definierten Krankheitskategorie zugeordnet werden und jede Erkrankung eine spezifische Ätiologie besitzt, die durch Pathogene (genetische Defekte, biologische Erreger, chemische Stoffe, physikalische Traumen, psychosoziale Merkmale) bestimmt wird. Die Medizin hat diesbezüglich die Aufgabe, durch exakte Diagnosen die Krankheitsursachen zu identifizieren und zu beseitigen.[2] Somit bezieht sich die pathogenetische Perspektive grundsätzlich auf die kausalen Risikofaktoren für die Entstehung einer Krankheit. Gesundheit und Krankheit stehen folglich in einem bipolaren Verhältnis zueinander, dass einander sowohl gegenübersteht als auch ergänzt. Um die Risikofaktoren identifizieren zu können, werden innerhalb der Pathogenese physische Veränderungen in verschiedener Weise untersucht, bspw. können Zellen oder Gewebe näher betrachtet und potentielle Divergenzen vom definierten Normalzustand des Körpers als „pathologisch" definiert werden.[3]

In den 1970-er Jahren wurde vor allem von dem amerikanisch-israelischen Gesundheitsforscher Aaron Antonovsky und dem amerikanischen Psychiater George Engel Dias Modell der Salutogenese formuliert. Kurze Zeit später markierte die Verabschiedung der Ottawa-Charta (1986) einen Paradigmenwechsel innerhalb des Gesundheitsverständnisses, aus welchem sich die moderne Ge-

---

[1] Vgl. Nauerth (2020), S. 20 f.

[2] Vgl. Faltermaier (2017), S. 58f.

[3] Vgl. Paulitsch/Karwautz (2019), S. 66f.

sundheitsförderung mit ihrer salutogenetischen Perspektive entwickelte.

## 1.2 Salutogenetische Perspektive

In seinem umfassenden Werk »Health, stress, and coping« formuliert Aaron Antonovsky im Jahr 1979 wesentliche Kritik bezüglich der pathogenetischen Perspektive und widerspricht der Annahme, dass sämtliche Krankheiten durch intensive Forschung identifiziert oder geheilt werden könnten. In diesem Rahmen definiert er seine salutogenetische Perspektive bezüglich der Entstehung und Erhaltung von Gesundheit.[4]

Grundsätzlich geht Antonovsky davon aus, dass der Mensch sich in einem permanenten Ungleichgewicht befindet, bei dem der Organismus dazu tendiert, einen Zustand der Ordnung herbeizuführen, was zu Folge hat, dass das Prinzip nicht in der Aufrechterhaltung des inneren Gleichgewichtes, sondern in einem permanenten Ausbalancieren des Ungleichgewichtes liegt. Soziologen bezeichnen dies als Gesundheits-Krankheits-Kontinuum.[5]

Antonovsky beschreibt anhand einer Gegenüberstellung beider Perspektiven fünf wichtige Aspekte. Während in der Pathogenese die Menschen dichotom klassifiziert werden, bewegt sich der Mensch innerhalb der Salutogenese auf einem multidimensionalen Kontinuum zwischen maximaler Gesundheit und maximaler Krankheit. Eine weitere Unterscheidung ist die Perspektive, die sich in der Pathogenese auf den Patienten und dessen Erkrankung konzentriert, während die Salutogenese prinzipiell die Gesamtheit der Menschen betrachtet und den Fokus auf die Erklärung für das jeweilige Gesundheitskontinuum legt. Darüberhinaus sind Unterschiede bezüglich der kausalen Faktoren zu verzeichnen. Diese konzentrieren sich in der Pathogenese auf ätiologische Faktoren einer Krankheit wie bspw. Risikofaktoren und Stressoren In der Salutogenese hingegen sind die Ressourcen zur Erhaltung und Verbesserung von Gesundheit von zentraler Bedeutung. Bezüglich der Konsequenzen hinsichtlich der Stressoren werden diese innerhalb der Pathogenese ausschließlich als Risikofaktoren interpretiert. Die Salutogenese benennt Stressoren nicht ausschließlich als Risi-

---

[4] Vgl. Faltermaier (2017), S. 60.

[5] Vgl. Bierbach (2019), S. 304f.

kofaktoren, sondern auch als positiv insofern, als sie ein solches Verhalten hervorrufen können, das die Gesundheit fördert. Grundlegend benennt Antonovsky den Aspekt der jeweiligen Zielsetzung als Hauptunterscheidungsmerkmal. In der Pathogenese wird für jede Erkrankung eine jeweils spezifische Behandlungsmethode gesucht, während in der Salutogenese auf die Steigerung der Widerstandsressourcen für die Bewältigung von Stressoren gesetzt wird.[6]

### 1.2.1 Kohärenz

Kohärenzsinn bzw. Kohärenzgefühl »Sense of Coherence« bezeichnet eine Grundhaltung des Individuums gegenüber dem Leben und besteht aus drei Komponenten. Hierzu zählt das Gefühl der Verstehbarkeit (»sense of comprehensibility«), das sich auf die kognitiv klar strukturierte und verstehbare Umwelt bezieht und die Erwartung eines Menschen beschreibt, Stimuli oder Anforderungen aus Körper und Umwelt als strukturierte, geordnete Informationen zu verarbeiten, die für das Individuum erklärbar sind.[7] Hinzu kommt das Gefühl der Handhabbarkeit oder Bewältigbarkeit (sense of manageability), das die Zuversichtlichkeit der Person und sein grundlegendes Vertrauen in vorhandene Ressourcen im Hinblick auf die zukünftigen Anforderungen des Lebens betrifft. Als drittes ist das Gefühl der Sinnhaftigkeit (sense of meaningfulness) zu nennen, das als Grundgefühl beschreibt, das eigene Leben als emotional sinnvoll zu empfinden und Problemen als willkommene Herausforderungen begegnet.[8]

Da unterschiedliche Menschen unter gleichen Bedingungen verschiedene physische Zustände erleben, ist der zentrale Prozess der Kohärenz maßgeblich dafür verantwortlich, inwieweit ein Mensch die im Leben auf ihn zukommenden Belastungen bewältigen kann bzw. inwieweit verfügbaren Ressourcen aktiviert werden können. Grundsätzlich ist festzustellen, dass Situationen oder spezifische Rollen keinen Einfluss auf den Kohärenzsinn nehmen, vielmehr jedoch dessen Ausprägung für die Entstehung und Erhaltung von Gesundheit und

---

[6] Vgl. Faltermaier (2017), S. 60f.

[7] Vgl. Bengel/Strittmatter/Willmann (2001), S. 29.

[8] Vgl. Antonovsky (1997), S. 35f.

Krankheit verantwortlich ist.[9] Der Prozess der Kohärenz wirkt also im Gesamt-kontext als flexibles Steuerungselement, das die Verarbeitungskompetenzen in Bezug auf die an das Individuum gestellten Anforderungen anregt[10] und sich stark auf die Wahrnehmung und Verarbeitung von Stressor und Spannungszu-stand auswirkt. Ist der „Sense of Coherence" stark ausgeprägt, kann das Indivi-duum bei Bewertung eines Stressors entscheiden, ob dieser günstig, irrelevant oder bedrohlich ist. Wird der Stressor als bedrohlich eingestuft, schützt diese Person dennoch ihr Vertrauen, die Situation selbst bewältigen zu können. Wo-hingegen ein geringer „Sence of Coherence" dazu führt, dass bedrohliche Stressoren Handlungsunfähigkeit auslösen, was auf die fehlenden Fähigkeit zur Problembewältigung zurückzuführen ist.[11]

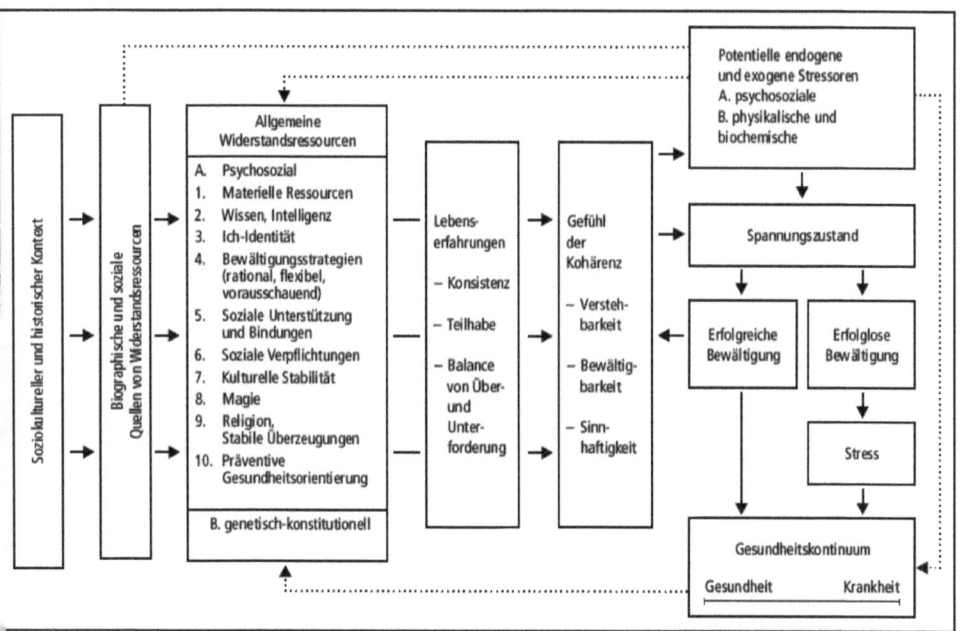

Abbildung 1: Das Modell der Salutogenese (nach Antonovsky, 1979).

### 1.2.2 Gesundheits-Krankheits-Kontinuum

Die salutogenetische Perspektive geht in Bezug auf die Frage der Gesund-heitsentstehung davon aus, dass diese sich innerhalb eines Kontinuums nach

---

[9] Vgl. Uhle/Treier (2019), S. 146f.

[10] Vgl. Bengel/Strittmatter/Willmann 2001, S. 30.

[11] Vgl. Bengel/Strittmatter/Willmann 2001, S. 32f.

einem Gesundheits- und einem Krankheitspol ausrichtet. Hierbei wird die Gesundheitsentstehung nicht als passiver Gleichgewichtszustand, sondern vielmehr als ein immer wieder neu zu regulierender Prozess betrachtet.[12] Diesbezüglich kann festgestellt werden, dass Gesundheit immer wieder aufgebaut werden muss, während Gesundheitsverlust ein natürlicher und allgegenwärtiger Prozess ist. Die salutogenetische Perspektive betrachtet das Streben in Richtung Gesundheit als permanenten Zustand, der nie ganz erreicht werden kann, denn auch wenn sich ein Individuum gesund fühlt, können Anteile des Körpers oder der Psyche erkrankt sein. Gleichzeitig bedeutet das, dass auch bei Krankheit zwangsläufig immer gesunde Anteile vorhanden sind.[13]

Metaphorisch veranschaulicht Antonovsky dies anhand eines Schwimmers in einem Fluss, der von verschiedenen Eigenschaften geprägt ist. Diese können dem Menschen das Vorankommen bspw. durch Strömungen, Biegungen oder Gefälle erschweren. Es hängt von der individuellen Kompetenz ab, ob das Individuum gut schwimmen kann. Welche Umstände die Person als guten Schwimmer definieren, ist die Grundlage von Antonovskys Forschungen.

**1.3 Fazit**

Zusammenfassend ist festzustellen, dass der primären Fokus der salutogenetischen Perspektive auf der Erhaltung und Förderung der Gesundheit liegt, während das Augenmerk der pathogenetischen Perspektive auf kausalen Risikofaktoren für die Auslösung von Krankheiten richtet. Trotz der Differenziertheit beider Modelle ergänzen sich diese hinsichtlich der Aufrechterhaltung von Gesundheit bzw. Prävention von Krankheiten, indem sie durch die Ermittlung von Risikofaktoren und gesundheitsförderlichen Faktoren das Individuum vor Krankheit schützen.

---

[12] Vgl. Hurrelmann (2010), S. 124.

[13] Vgl. Bengel/Strittmatter/Willmann (2001), S. 25ff.

# Aufgabe 2

## 2.1 Handlungsfähigkeit

Die Handlungsfähigkeit, als kognitive Basis der gesundheitsorientierten Lebensführung, umfasst explizites und implizites Wissen sowie spezielle Fertigkeiten.[14] Zu einem gesundheitsorientierten Lebensstil muss zunächst Wissen erworben werden.[15] Hierbei beinhaltet die Handlungsfähigkeit als kognitive Grundlage explizites Fakten- und Methodenwissen, implizites individuelles Erfahrungswissen sowie bestimmte Fertigkeiten.

Explizites Wissen ist dadurch gekennzeichnet, dass es beim Erwerb, Aufbau und Abruf bewusste und absichtliche Aufmerksamkeit erfordert. Je höher das Maß der Fixierung, der Reflexion sowie die Fähigkeit das Wissen zu kommunizieren, desto größer ist die Wahrscheinlichkeit, dieses Wissen effizient anzuwenden. Bezüglich des expliziten Wissens wäre demzufolge die Aneignung von Faktenwissen hinsichtlich wissenschaftlich basierter Theorien sowie das Methodenwissen relevant.[16]

Da das implizite Gedächtnis Informationen umfasst, die nicht verbalisierbar sind und sich primär im Verhalten ausdrücken, speichert es Fertigkeiten und Gewohnheiten (Skills), Erwartungen und Verhaltensweisen im Zusammenhang mit Priming. Daher benötigt der Erwerb und Abruf impliziten Wissens keine bewusste oder absichtliche Aufmerksamkeit. Folglich wird implizites Wissen als Alltagserfahrung eher beiläufig erworben, ohne dass ein bestimmtes Lernziel besteht, was im Idealfall zu einem Lerneffekt für zukünftige Situationen führt.[17]

Als dritte Komponente der Handlungsfähigkeit werden spezifische Fertigkeiten hinsichtlich einer gesundheitsorientierten Lebensführung definiert, die ohne bewusste Zuwendung erfolgen. Als gemeinsame Merkmale aller Fertigkeiten dienen die Kriterien nach Norman (1982), welche psychische Automatisiertheit, flüssigen Vollzug, Störungs- und Stressanfälligkeit und bewusste Regulation beinhalten.[18] Aufgrund der expliziten Erfahrung dieser Aktivitäten sind diese auto-

---

[14] Vgl. Lenartz (2012), S. 44.

[15] Vgl. Hamacher/Wittmann (2005), S. 57.

[16] Ebd. (2005), S. 35.

[17] Ebd. (2005), S. 35.

[18] Vgl. Hacker/Skell (1993), S. 73f.

matisierten Fertigkeiten nicht auf andere Personen übertragbar.[19] Generell findet eine ausgeprägte Handlungsbereitschaft Ausdruck in der Fähigkeit, langfristige Ziele zu bilden, stabil-flexibel mit Veränderungen umzugehen und körperliche Prozesse und Handlungen aufeinander abzustimmen[20] und führt zu notwendigem, gesundheitsorientierten Wissen und Kompetenzen, die als Voraussetzung zur Erhaltung der Gesundheit dienen.[21]

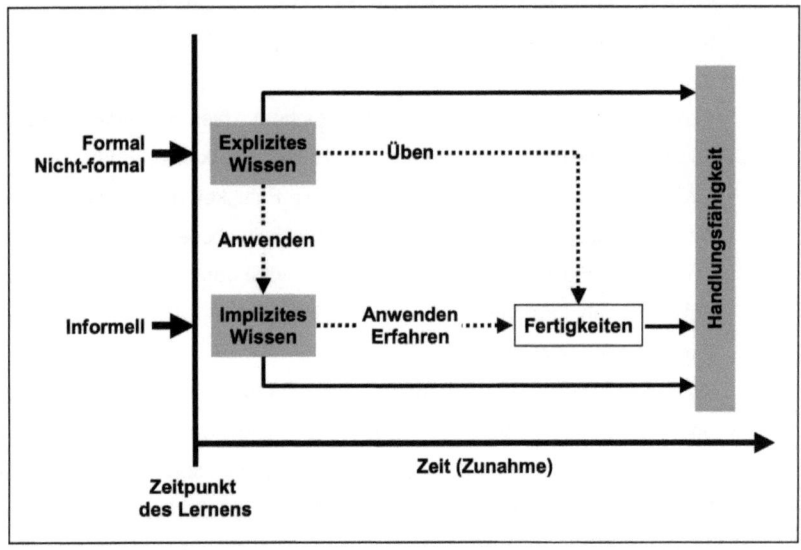

Abbildung 2: Zusammenhang zwischen explizitem, implizitem Wissen sowie Fertigkeiten und der Handlungsfähigkeit.[22]

## 2.2 Handlungsbereitschaft

Durch die Handlungsbereitschaft wird das kognitive Wissen der Handlungsfähigkeit ergänzt. Auf persönlicher Ebene trägt die Handlungskompetenz eines Individuums auf Grund von normativen Einstellungen, Werten und Kontrollüberzeugung zur Steigerung und Festigung der Motivation bezüglich gesundheitsorientiertem Verhalten bei. Verschiedene Emotionen begleiten die Ausbildung

---

[19] Vgl. Hacker /Skell (1999), S. 73f.

[20] Vgl. Ducki/Greiner (1992), S. 4.

[21] Vgl. Arnold (2011), S. 16f.

[22] Vgl. Hamacher/Wittman (2005), S. 37.

dieser Komponenten, wodurch sie eine entscheidende Rolle in der Handlungsbereitschaft erhalten, da sie sowohl am Aufbau als auch an der Veränderung
von Handlungsbereitschaft beteiligt sind.[23]

Individuelle Werte werden nach Kluckhohn (1976) als direkte oder indirekte
subjektive Leitgedanken beschrieben, welche die Entscheidung eines Individuums bezüglich der verfügbaren Handlungsarten, - mittel und -ziele definiert.[24]
Folglich lässt sich die Motivation zur Gestaltung gesundheitsorientierter Le-
bensweisen durch eine bestimmte Werterhaltung erhöhen, was bedeutet, dass
die Wahrnehmung der eigenen Gesundheit als Wert eine Bemühung zu ihrer
Erhaltung beiträgt. Generell lässt sich in der westlichen Welt eine deutlichere
Werterhaltung hinsichtlich materieller Güter verzeichnen als bei der Erhaltung
der eigenen Gesundheit.[25]

Bestimmte Werte können sich nicht nur auf Menschen und Objekte, sondern
auch auf Situationen beziehen und werden als normative Einstellungen mit rela-
tiv stabilen Eigenschaften bezeichnet, die eine gewisse Handlung beeinflussen.
So können Individuen ihre Einstellungen und somit ihr Verhalten ändern.[26] Innerhalb der individuellen Gesundheitsförderung können sich normative Einstellungen somit auch auf Nikotinsucht oder ungesunde Lebensmittel richten. Wenn
diese Dinge dann als gesundheitsschädlich interpretiert werden, ist die Wahrscheinlichkeit eines Verzichts größer und wirkt sich somit positiv auf die Gesundheit aus.

Als weitere Komponente der Handlungsbereitschaft wird die Verantwortungsübernahme, die ebenso Werte und Moral beinhaltet, definiert. Hierbei wird die
Verantwortung über das eigene Handeln, den eigenen Entscheidungen und den
daraus resultierenden Konsequenzen übernommen. Inwiefern eine bestimmte
Handlung durch individuelle Kompetenzen für die Ausführung bestimmter Handlungen effektiv ist, wird von der Kontrollüberzeugung entschieden. Dabei bildet
die eigene Überzeugung, eine Handlung mit Erfolg ausführen zu können, die
*Stärke* der handlungssteuernden Wirkung.[27] Die generalisierte Erwartung, durch

---

[23] Vgl. Hamacher/Wittmann (2005), S. 57

[24] Vgl. Kluckhohn (1976), S. 395.

[25] Vgl. Walter (2019), S. S. 50f.

[26] Vgl. Hamacher/Wittmann (2005), S. 48.

[27] Vgl. Hamacher/Wittmann (2005), S. 48.

bestimmte Handlungsweisen selbst zur eigenen Gesundheit beitragen zu können, ist eine wesentliche Determinante gesundheitsbezogener Aktivitäten wie bspw. Sport.[28]

## 2.3 Persönliche Eigenschaften

Individuelle Persönlichkeitseigenschaften beeinflussen Handlungsfähigkeit und Handlungsbereitschaft, indem sie eine durch physische und psychische Ressourcen erfolgreiche Motivation hinsichtlich des sozialen Umfelds und Selbstmanagements unterstützen.[29]

Als psychische Ressourcen gelten die Selbstwirkamkeit und das Selbstkonzept. Selbstwirksamkeit ist das zentrale Konstrukt in Banduras Social Cognitive Theory (SCT) und wird in verschiedene Ebenen unterteilt: die Stärke der Selbstwirksamkeitserwartung, der Schwierigkeitsgrad einer Aufgabe und die Generalisierbarkeit der Selbstwirksamkeit auf andere Situationen.[30] Individuen mit hoher Selbstwirksamkeitserwartung gehen davon aus, dass die Herausforderungen mithilfe der eigenen Fähigkeiten bewältigt werden können, was wiederum Motivation und Selbstvertrauen entstehen lässt.

Eine weitere Komponente der Selbstwirksamkeitserwartung ist die soziale Überzeugung. Erfährt das Individuum beispielsweise Zuspruch und Anerkennung durch andere Personen, wird das Vertrauen in die eigene Kompetenz erweitert. Ebenso kann sich der Einfluss einer sozialen Gruppe destruktiv auswirken und die Selbstwirksamkeitserwartung negativ beeinflussen.[31] Zudem besitzt das soziale Umfeld eine gewisse Wertkultur, die die persönlichen Werte eines Einzelnen prägen und beeinflussen können[32] und definiert den Rahmen für Lernerfahrungen und somit den Wissenserwerb.[33]

Als dritte Komponente gilt das Lernen am Modell. Hierbei kann die Person durch Beobachtung anderer Individuen erlernen, wie Herausforderungen zu bewältigen sind, um Schlüsse auf die eigenen Fähigkeiten zu ziehen, was als

---

[28] Vgl. Faltermaier (2017), s. 186.

[29] Vgl. Tilliger/Riedel/Runde (2015), S. 18; Faltermaier (2017), S.185.

[30] Vgl. Salewski/Renner (2009), S. 166f.

[31] Vgl. Kriegler-Kastelic (2018).

[32] Vgl. Hamacher/Wittmann (2005), S. 49f.

[33] Vgl. Ebd., S. 57.

stellvertretende Erfahrung definiert wird. Grundlegend für diesen Prozess ist jedoch, dass die beobachtete Person einen positiven sozialen Status und eine gewisse Ähnlichkeit mit der Zielperson besitzt.[34]

Das Selbstmanagement gilt ebenso als eine persönliche Eigenschaft, die sich unterstützend auf die Steuerung des eigenen Verhaltens bezüglich der Zielvorstellung auswirkt. Personen mit hohem Selbstmanagement nehmen die eigenen Bedürfnisse nicht nur wahr, sondern wollen diese auch umsetzen.[35]

Abschließend sind persönliche Erfahrungen als wichtige Quelle der Selbstwirksamkeit zu nennen. Herausfordernde Situationen, die überwunden werden, dienen dazu, Lösungsstrategien zu entwickeln und stärken gleichzeitig durch derartige Erfolgserlebnisse die eigene Selbstwirksamkeit.[36]

## 2.4 Beispiel

Im folgenden Beispiel soll die Dynamik der drei oben aufgeführten Komponenten hinsichtlich gesundheitsorientierter Aspekte im Lehrberuf verdeutlicht werden:[37]

Im Hinblick auf die Gesundheit sind Lehrkräfte einem spezifischen Gefährdungs- und Belastungsspektrum ausgesetzt. Besondere Kennzeichen der Tätigkeit als Lehrer/in sind psychische Belastungen, die aufgrund verschiedener Quellen entstehen. Diese Anforderungen beinhalten sowohl das Potenzial an persönlichkeits- und gesundheitsfördernden Faktoren, als auch an Faktoren, die zu gesundheitsschädlichen Folgen führen können. Zu den negativen Faktoren zählen bspw. Verantwortungsdruck, unzureichende Kooperation oder Lärmbelastung.

Innerhalb der Handlungsfähigkeit einer Lehrkraft kann explizites Wissen wie bspw. Grundwissen über Gesundheit (psychisches Wohlbefinden ist Teil von Gesundheit) und menschlich individuelle Leistungsvorraussetzungen im Lebenslauf (psychische Beanspruchung kann sich ändern und variieren) sowie implizites Wissen wie bspw. Erfahrungswissen über Prävention (psychische Belastung kann durch Stärkung der Ressourcen erhöht werden) oder auch Erfah-

---

[34] Vgl. Bak (2019), S. 43.

[35] Vgl. Reinecker (2017), S. 1519.

[36] Vgl. Kalch (2019), S. 45f.

[37] Vgl. Hamacher/Wittmann (2005), S. 103ff.

rungswissen zur Risikobeurteilung (Wissen über die Stärke der psychischen Belastung), wie auch spezifische Fertigkeiten (z. B. Transfer des Wissens über psychische Belastung in andere Kontexte, automatisiertes Anwenden sozialer Kompetenzen, Gespür für Belastbarkeit, soziale Interaktionen und Gruppenprozesse innerhalb der Klasse oder des Kollegiums) eine gesundheits- und persönlichkeitsfördernde Wirkung erzielen.

Ebenso können bezüglich der Handlungsbereitschaft eines Lehrers bestimmte gesundheitsfördernde Kompetenzen wie Werte (Gesundheit als Wert), normative Einstellungen (Gleichwertigkeit von psychischer und physischer Gesundheit), Verantwortungsübernahme (für die Gestaltung äußerer Bedingungen oder des eigenen Verhaltens), Kontrollüberzeugungen (gesundheitsfördernde Methoden sind erlernbar, integrierbar und effektiv), Emotionen (positive Emotionen bei/nach einer gesundheitsgerechten Handlung wie bspw. Lob) und ein unterstützendes soziales Umfeld bezüglich Kollegium, Schulleitung, Eltern, Gesellschaft (Reflexion, Kooperation) genannt werden.

Als positive persönliche Eigenschaften einer Lehrkraft und zum konstruktiven Umgang mit psychischen Belastungen ist eine hohe Selbstwirksamkeitserwartung von Nöten, mit deren Hilfe herausfordernde Situationen wie Verantwortungsdruck oder unzureichende Kooperation von Schülern oder Eltern durch die eigenen Fähigkeiten bewältigt werden können. Zudem ist das soziale Umfeld bezüglich vorbildlicher Kollegen oder Schulleitung sowie ein hohes Selbstmanagement hinsichtlich der Umsetzung der gesetzten Ziele und Veränderungen von Vorteil.

Findet eine langfristige Vernetzung dieser drei Ebenen statt, führt dies zu einer Reduktion der objektiven Belastungs- und Beanspruchungssitutaion und folglich zu einer gesundheitsfördernden Lebens- und Arbeitsweise.


## 2.5 Fazit

Als Vorraussetzung für eine gesundheitsorientierte Lebensweise gilt eine aktive Gestaltung der eigenen Verhaltensweisen durch kompetentes Handeln auf Grundlage erworbenen Wissens und der Bereitschaft, Bedürfnisse, Motive und Veränderungen zu realisieren. Dafür Bedarf es bestimmter persönlicher Eigenschaften, die motivierend und zielführend wirken sowie eine bewusste Auseinandersetzung eigenverantwortlichen Handelns mit den daraus resultierenden Konsequenzen auf Gesundheit und Leben.

## Aufgabe 3

### 3.1 Primärprävention

Die Maßnahmen der Primärprävention werden bei gesunden Menschen ohne pathologische Symptome eingesetzt, um potentielle Neuerkrankungen zu vermeiden. Folglich liegt der Fokus dabei ausschließlich auf einzelnen Erkrankungen, die sich durch die primäre Prävention verhindern lassen.[38] Hierbei orientieren sich die präventiven Strategien zum einen auf externe Faktoren, zum anderen auf interne Faktoren bzw. auf den Patienten selbst. Die Eliminierung schädlicher Umwelteinflüsse sowie die Unterbrechung von potenziellen Übertragungswegen wird durch externe Faktoren kontrolliert. Hauptziel ist, den Patienten aus dem gesundheitsschädlichen Milieu zu entfernen. Dies bedeutet, dass auf persönlicher Ebene sämtliche Risikofaktoren, die mit dem Verhalten in Verbindung stehen, unterbunden werden, um die psychische und physische Widerstandskraft zu stärken. Hinzuzufügen ist, dass die Gesundheitsförderung nicht mit der Primärprävention vergleichbar ist, da sich hierbei der Fokus nicht auf einzelne Krankheiten und die Verhinderung von Neuerkrankungen innerhalb der Bevölkerung bzw. spezifischer Gruppen richtet, sondern die Gesundheit im allgemeinen betrachtet.[39]

Verhaltens- und Verhältnisprävention bilden die beiden elementaren Strategien der Primärprävention. Verhaltensorientierte Strategien sollen dem Individuum gesundheitsförderliche Verhaltensweisen näherbringen und dazu motivieren, dieses Wissen in die Lebensrealität zu integrieren. Diesbezüglich ist die Gesundheitserziehung und -beratung von herausragender Bedeutung, um Risikofaktoren bezüglich Konsumverhalten, sportlicher Betätigung oder Sexualität zu identifizieren und abzuschwächen.[40]

Um die primäre Prävention zu gewährleisten, steht vor allem die Beratung durch professionelles Personal im Vordergrund, das beispielsweise gesund-

---

[38] Vgl. Neubart (2018), S. 76.

[39] Vgl. Habermann-Horstmeier & Lippke (2019), S. 6.

[40] Vgl. Slesina (2007), S. 2197

heitsförderliches Verhalten in der Säuglings- und Kleinkindpflege informiert oder auch Verhaltensanordnungen oder Hygienemaßnahmen während der Corona-Pandemie durchführt. Auf diese Weise fokussiert sich die Primärprävention auf die gesamte Lebensspanne eines Individuums.[41]

## 3.2 Sekundärprävention

Die Sekundärprävention setzt den Fokus auf bereits erkrankte Individuen, die ein frühes Stadium einer Erkrankung erreicht haben, jedoch keine Symptome aufweisen, um potentielle Erkrankungen zeitnah zu diagnostizieren oder zu therapieren.[42] Die sekundären Präventionsmaßnahmen können jedoch nur dann sinnvoll sein, wenn sie nicht nur für das Individuum, sondern auch für die Allgemeinheit von Nutzen sind.[43] Hierdurch kann ausgeschlossen werden, dass es zu Falschdiagnosen und zusätzlichen Kosten aufgrund von unnötigen Therapien kommt.

Klassische sekundärpräventive Maßnahmen sind bspw. sämtliche Vorsorgeuntersuchungen, die im Rahmen der gesetzlichen Krankenkassen jedem Versicherten kostenlos zur Verfügung gestellt werden. Da jedes Individuum selbst dafür verantwortlich ist, diese Präventions-Angebote wahrzunehmen, wird ein grundlegendes Maß an Selbstmanagement und Motivation des Einzelnen vorausgesetzt.[44]

Allgemeine Vorsorgen der Sekundärprävention ist bspw. die Früherkennung von Krankheiten oder Störungen bei Kindern, um potentielle Gesundheitsstörungen in der Entwicklung frühzeitig therapieren zu können.[45] Ebenso werden für Erwachsene Krebsvorsorgeuntersuchungen oder allgemeine Check-Ups als Vorsorgeuntersuchung angeboten.

Hat bereits eine Manifestation der Krankheit im Organismus stattgefunden, wird auf die Maßnahmen der Tertiärprävention zurückgegriffen.

---

[41] Vgl. Hoehl (2019), S. 102ff.

[42] Vgl. Slesina (2007), S. 2197

[43] Vgl. Grethler (2017), S. 18.

[44] Vgl. Habermann-Horstmeier/Lippke (2019), S. 6.

[45] Vgl. Heidrun (2019), S. 486f.

### 3.3 Tertiärprävention

Bleibt eine Krankheit trotz primärpräventiver und sekundärpräventiver Prävention weiterhin bestehen, erfolgt eine Therapie im Rahmen der Tertiärprävention. Ziel ist es, eine Verschlechterung und Chronifizierung der Erkrankung zu verhindern und das Risiko eines völligen Funktionsverlustes des Organismus zu vermeiden.[46] Sind bereits physiologische oder psychologische Schädigungen aufgetreten, ist das Ziel, diese zu minimieren und das Risiko daraus resultierender Folgeerkrankungen zu verringern.[47]

Ebenso können die tertiärpräventiven Maßnahmen im Bereich der Rehabilitation eingesetzt werden, um das allgemeine Risikoniveau zu verringern, mögliche Nachteile durch Behinderungen zu reduzieren sowie die soziale Interaktion wiederherzustellen.[48] Ebenso werden diese Präventiv-Maßnahmen auch in Form einer Kur angeboten.

Der Bereich der Teritärprävention unterscheidet sich hinsichtlich des krankheitsorientierten Fokus insofern von der Rehabilitation, als dass er sich primär auf unterschiedliche Bereiche der Lebensgestaltung sowie auch auf die psychosoziale sowie schulische und berufliche Ebene richtet.[49]

In der Praxis wird die Tertiärprävention auch im Bereich der Onkologie angewandt, um Rückfälle zu vermeiden und gleichzeitig Folgebeschwerden zu reduzieren. Hierbei werden Sport, Bewegung und Entspannungsmaßnahmen eingesetzt, die sich hemmend auf die Ausbildung neuer Krebszellen wie bspw. beim postmenopausalen Mammakarzinom auswirken.[50]

### 3.4 Fazit

Die Prävention versucht den Gesundheitszustand der Bevölkerung zu erhalten oder zu verbessern sowie Auslösefaktoren von Krankheiten zurückzudrängen oder zu eliminieren und die ökonomischen Lasten für unnötig gewordene Krankenbehandlungen zu minimieren. Dabei ist es von entscheidender Wichtigkeit,

---

[46] Vgl. Habermann-Horstmeier/Lippke (2019), S. 7.

[47] Vgl. Slesina (2007), S. 2197

[48] Vgl. Egger/Binns/Rössner/Sagner (2017), S. 4.

[49] Vgl. Habermann-Horstmeier/Lippke (2019), S. 6f.

[50] Vgl. Steindorf (2012), S. 55f.

die jeweiligen Präventionsmaßnahmen frühzeitig zu ergreifen, um eine vollständige Wirkungsentfaltung gewährleisten zu können.

| | **Primär-prävention** | **Sekundär-prävention** | **Tertiär-prävention** |
|---|---|---|---|
| **Zeitpunkt der Intervention** | Vor Eintreten einer Erkrankung | In Frühstadien einer Erkrankung | Nach Manifestation/ Akutbehandlung einer Erkrankung |
| **Ziel der Intervention** | Verringerung der Inzidenz von Erkrankungen | Eindämmung der Progredienz oder Chronifizierung einer Erkrankung | Verhinderung von Folgeschäden oder Rückfällen |
| **Adressaten der Intervention** | Gesunde bzw. Personen ohne Symptomatik | Akutpatienten / Klienten | Patienten mit chronischer Beeinträchtigung und Rehabilitanden |

Abbildung 3: Klassifikation von Präventionsmaßnahmen.[51]

---

[51] Vgl. Haisch (2006).

18

## Literaturverzeichnis

**Antonovsky, A.** (1979), Health, stress and coping, San Francisco.

**Antonovsky, A.** (1997), Salutogenese. Zur Entmystifizierung der Gesundheit, Tübingen.

**Arnold, N.** (2011), Gesundheit als gesellschaftliche Herausforderung. In: Wippermann, C., Arnold, N., Möller-Slawinski, H., Borchard, B. & Marx, P. Chancengerechtigkeit im Gesundheitssystem, Wiesbaden.

**Bak, P. M.** (2019), Lernen, Motivation und Emotion. Allgemeine Psychologie II, Berlin.

**Bengel, J., Strittmatter, R., Willmann, H**. (2001): Was erhält Menschen gesund?. Antonovskys Modell – Diskussionsstand und Stellenwert. Erweiterte Neuauflage, Bundeszentrale für gesundheitliche Aufklärung. Köln.

**Bierbach, E.** (2019), Konzept der Salutogenese. In: Bierbach E. (Hrsg.) Naturheilpraxis heute (6. Aufl.), München.

**Egger, G., Binns, A., Rössner, S., Sagner, M.** (2017). Einführung in die Bedeutung von Lebensstilfaktoren in der Medizin. In: Egger, G., Binns, A., Rössner, S., Sagner, M. (Hrsg.), Päventionsmedizin. Chronische Krankheiten. Vorbeugen und Behandeln, München.

**Faltermaier, T.** (2017), Grundriss der Psychologie - Gesundheitspsychologie (2. Aufl.), Stuttgart.

**Grethler, A.** (2017), Fachkunde für Kaufleute im Gesundheitswesen (3. Aufl.), Stuttgart.

**Habermann-Horstmeier, L., Lippke, S.** (2019). Grundlagen, Strategien und An-sätze der Gesundheitsförderung. In: Tiemann M., Mohokum M. (Hrsg.), Prävention und Gesundheitsförderung, Heidelberg.

**Hacker, W., Skell, W.** (1993), Lernen in der Arbeit (1. Aufl.), Berlin.

**Hamacher, W., Wittmann, S.** (2005), Lebenslanges Lernen zum Erwerb von Handlungskompetenzen für Sicherheit und Gesundheit (1. Aufl.), Dortmund.

**Heidrun, B.** (2019). Das gesunde Neugeborene und seine Eltern. In: Hoehl, M., Kullick, P. (Hrsg.), Gesundheits- und Kinderkrankenpflege (5. Aufl.), Stuttgart.

**Hoehl, M.** (2019). Gesundheitsförderung und Prävention im Kindesalter. In: Hoehl, M., Kullick, P. (Hrsg.), Gesundheits- und Kinderkrankenpflege (5. Aufl.), Stuttgart.

**Hurrelmann, K.** (2010): Gesundheitssoziologie. Eine Einführung in sozialwissenschaftliche Theorien von Krankheitsprävention und Gesundheitsförderung (7. Aufl.), Weinheim, München.

**Kalch, A.** (2019), Persönliche Erfahrungen in Gesundheitsbotschaften. Die Wirkung von Narrationen auf Prävention und Gesundheitsförderung, Wiesbaden.

**Kluckhohn, C.** (1976), Values and value-orientations in the theory of action: An exploration in definition and classification. In: Parsons, T. / Shils, E. A. (Hrsg.), Toward a general theory of action (7. Aufl.), Cambridge.

**Lenartz, N.** (2012), Gesundheitskompetenz und Selbstregulation (1. Aufl.), Göttingen.

**Nauerth, A.** (2020), Biomedizinische Grundlagen der Gesundheitswissenschaften. In: Harig R. (Hrsg.), Gesundheitswissenschaften, Berlin.

**Neubart R.** (2018), Repetitorium Geriatrie: Geriatrische Grundversorgung. Zusatz- Weiterbildung Geriatrie. Schwerpunkt Geriatrie (2. Aufl.). Springer-Verlag GmbH Deutschland, ein Teil von Springer Nature: Berlin.

**Paulitsch, K., Karwautz, A.** (2019), Grundlagen der Psychiatrie (2. Aufl.), Wien.

**Reinecker, H.** (2017), Selbstmanagement. In: Wirtz, M. A. (Hrsg.), Lexikon der Psychologie,18. Aufl., Bern.

**Salewski, C., Renner, B.** (2009), Differentielle und Persönlichkeitspsychologie (1.Aufl.), München.

**Slesina, W.** (2007), Primordiale, primäre, sekundäre und tertiäre Prävention: Eine Begriffsbestimmung. Deutsche Medizinische Wochenschrift, 132. Jg., Nr. 42.

**Steindorf, K.** (2012), Tertiärprevntion. In: Baumann, F., Bloch, W., Jäger, E. (Hrsg.), Sport und körperliche Aktivität in der Onkologie, Berlin, Heidelberg.

**Tilliger, S., Riedel, S., Runde, A.** (2015), Gesundheitsförderung, Prävention und Rehabilitation (2. Aufl.), Studienbrief der SRH Fernhochschule, Riedlingen.

**Walter, S.** (2019), Der Staat und die Werte, Wiesbaden.

**Internetquellen**


**Ducki, A., Greiner, B.** (1992), Gesundheit als Entwicklung von Handlungsfähigkeit - Ein „arbeitspsychologischer Baustein" zu einem allgemeinem Gesundheitsmodell, https://www.researchgate.net/profile/Birgit_Greiner/publication/256007798_Gesundheit_als_Entwicklung_von_HandlungsfAhigkeitaEin_arbeitspsychologischer_Baustein'zu_einem_allgemeinen_Gesundheitsmodell/links/00b7d521f02bb5e84d000000/Gesundheit-als-Entwicklung-von-HandlungsfAhigkeitaEin-arbeitspsychologischer-Bausteinzu-einem-allgemeinen-Gesundheitsmodell.pdf, abgerufen am 28.01.2021.


**Kriegler-Kastelic, G.** (2018), Selbstwirksamkeitserwartungen, https://infopool.univie.ac.at/startseite/universitaeres-lehren-lernen/selbstwirksamkeitserwartungen/, abgerufen am 27.01.2021.


**Haisch, J.** (2006), Vorlesung: Prävention in der Allgemeinpraxis, https://slideplayer.org/slide/634356/, abgerufen am 26.01.2021.